JEAN-BART.

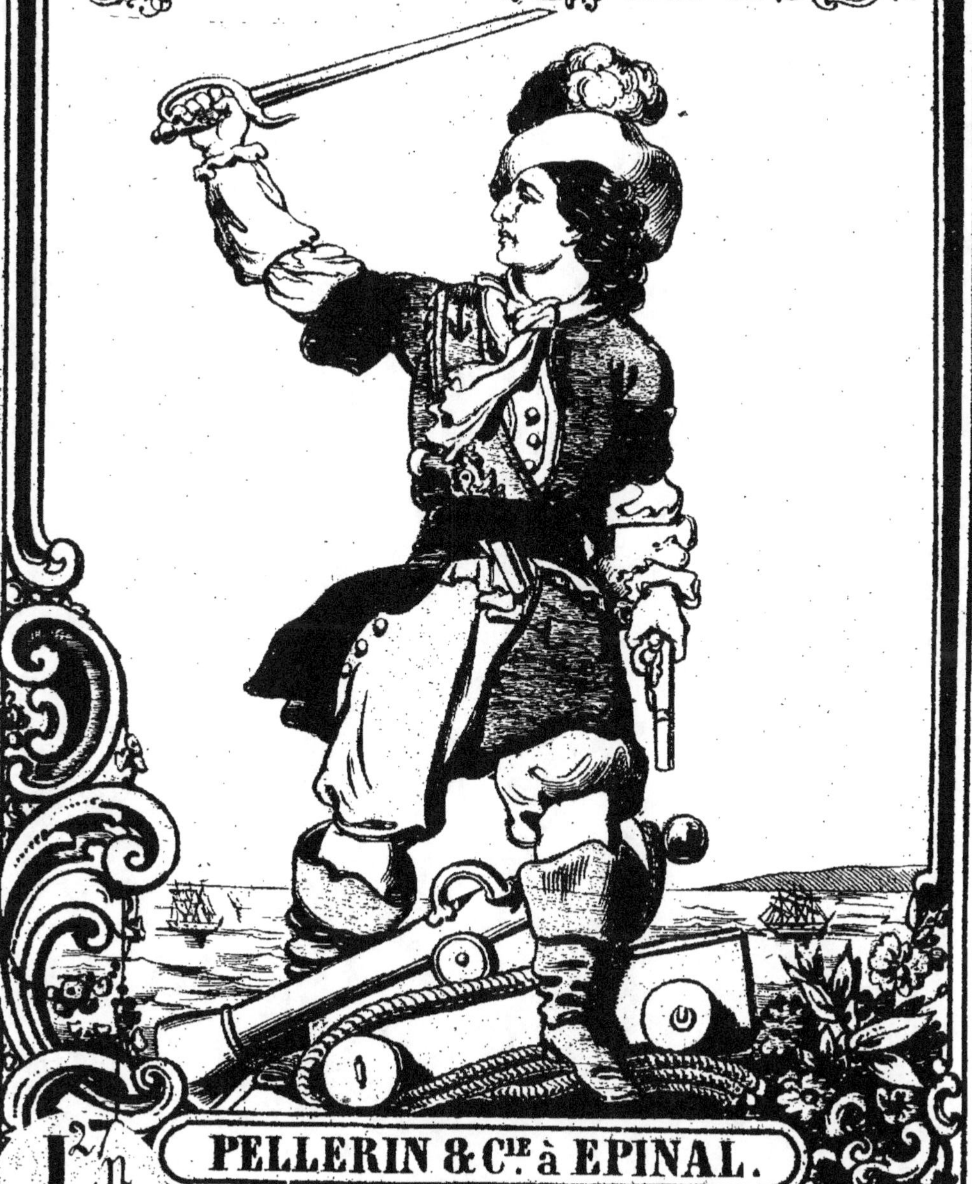

HISTOIRE

DE

JEAN-BART

par V***

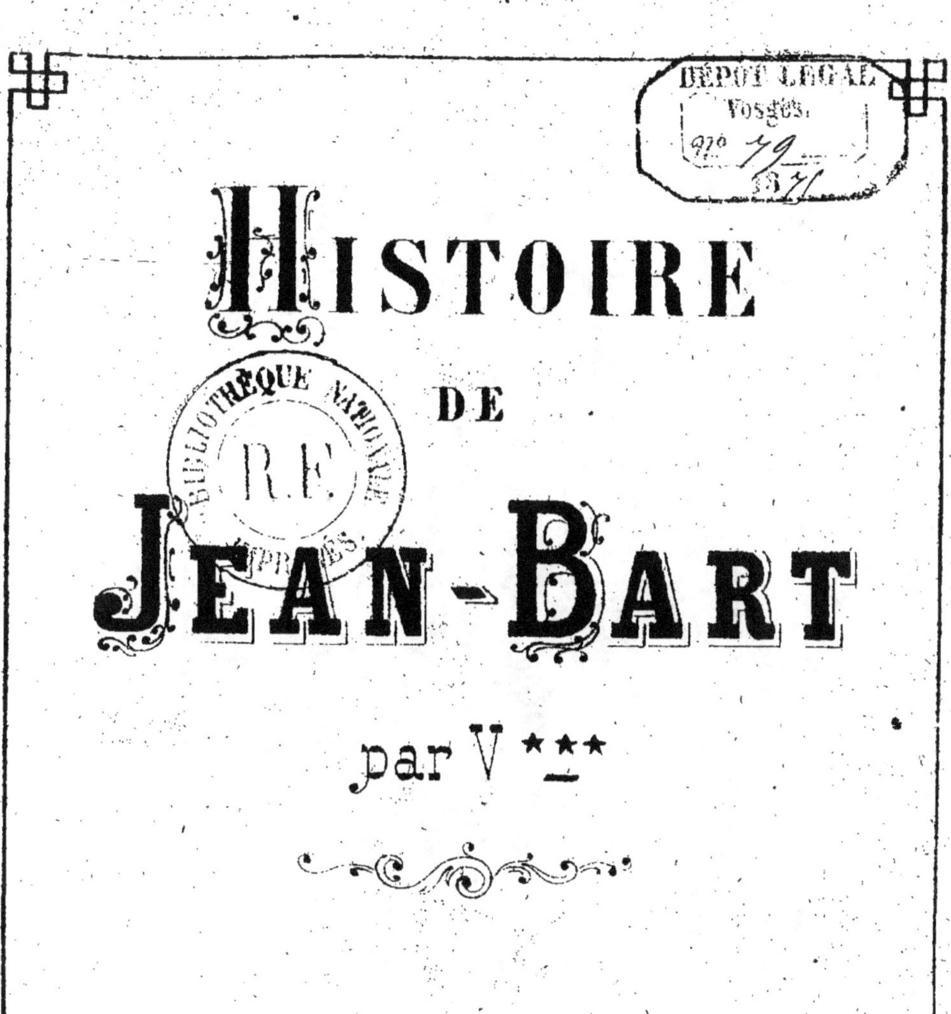

Pellerin & Cie Editeurs.

ÉPINAL.

Jean-Bart naquit à Dunkerque
en 1650.

HISTOIRE DE JEAN-BART.

Jean-Bart dont nous allons raconter l'histoire, est certainement, de tous les marins, le plus populaire; son nom est le synonime de bravoure héroïque et de cette brusquerie franche qui est encore aujourd'hui le type de nos intrépides marins.

Notre héros naquit à Dunkerque en 1650. — Son père (Cornil Bart) était marin lui-même; sa grand'mère (Agnès Jacobsen) était fille d'un intrépide corsaire surnommé le renard de la mer.

— A l'âge de huit ans, Jean-Bart perdit son père qui mourut des suites d'une blessure reçue en combattant les Anglais. — A l'âge de douze ans, le jeune homme s'embarqua sur un navire qui faisait la contrebande entre la Hollande, l'Angleterre et l'Irlande. — Le patron, nommé Valbué, était un habile

Jean-Bart dans sa jeunesse remporte
un prix comme pointeur d'artillerie.

homme de mer. — En 1666, quand la France eut déclaré la guerre à l'Angleterre, Valbué fut nommé capitaine d'un brigantin de 120 tonneaux, appelé le Cochon gras. — Jean-Bart devint second à bord de ce navire; mais à la suite des cruautés commises par Valbué, il ne voulut plus servir sous un tel homme et revint à Dunkerque, où il s'engagea comme matelot au service de la Hollande, afin d'apprendre le métier de marin sous l'amiral Ruyter, l'homme le plus habile en cette science à cette époque.

Avant de prendre du service en Hollande, Jean-Bart avait déjà fait preuve de capacité maritime et d'adresse dans l'exercice du canon, et remporté à Calais un prix comme pointeur d'artillerie.

— Peu de temps après son arrivée sur la flotte Hollandaise, eut lieu les 4, 5 et 6 août, une terrible bataille navale que Ruyter gagna sur les Anglais. — Jean-Bart fit ensuite partie de l'expédition de Chatam, qui jeta l'épouvante dans

En 1675, Jean-Bart se marie avec une
jeune fille nommée Nicole Gontier.

Londres, et amena la paix de 1667. — Jean-Bart resta encore quelques années au service de la Hollande, mais cette puissance s'étant attiré la colère du roi de France Louis XIV, par suite de la fabrication de médailles qui blessèrent l'orgueilleux monarque, la France et l'Angleterre lui déclarèrent la guerre.

Jean-Bart et son ami Keyser né à Dunkerque, comme lui, quittèrent le navire Hollandais (le Canard doré), à bord duquel ils étaient lieutenants tous deux, l'un en premier, l'autre en second.

Les armateurs de Dunkerque lui confièrent, pour faire la course, un bâtiment appelé le Roi David. — A peine sorti du port, il s'empara d'un Dogre hollandais appelé l'Homme sauvage; dans cette campagne, il captura six navires. — L'année suivante, il monta une frégate nommée la Royale, avec laquelle il fit neuf prises.

Au mois de février 1675, l'intrépide corsaire épousait une jeune fille nommée Nicole Gontier; six mois après son maria-

Leur entrée dans la ville fut une véritable fête pour les habitants.

ge. Jean-Bart partit pour une nouvelle campagne sur sa frégate, et de concert avec son ami Keyser, capitaine du grand Louis, et Jacobsen son parent, commandant la Dauphine, ils enlevèrent un gros vaisseau nommé les Armes de Hambourg, chargé d'une riche cargaison de poudre d'or, d'ivoire et de diverses denrées coloniales. — Dans la même semaine, Keyser et notre brave Jean-Bart, s'emparèrent d'une frégate de 12 canons qui convoyait des barques venant de la pêche aux harengs.

Dans le commencement d'août, les corsaires firent éprouver le même sort à la frégate la Bergère qui protégeait un convoi de dix navires richement chargés. Mais comme ils ne pouvaient, avec leurs deux petites frégates, emmener tant de prises, ils mirent les plus riches barques à Rançon, gardèrent les capitaines qu'ils ramenèrent à Dunkerque avec les deux frégates et dix autres navires. — Jean-Bart et Keyser reçurent la moitié du prix de leurs captures. — Leur entrée dans la

De retour à Dunkerque Jean-Bart fut présent à la naissance de son premier enfant.

ville fut une véritable fête pour les habitants; de toutes parts on accourait voir ces deux héros enfants de la cité.

— Après avoir passé quelques semaines auprès de sa femme et de ses autres parents, Jean-Bart reprit la mer avec Keyser et Jacobsen, et à la fin d'octobre, ils capturèrent une flûte venant de Norwège avec un chargement de cuivre. — Dans la campagne de 1675, Jean-Bart et ses deux amis prirent au commerce Hollandais vingt navires, et firent à cette nation un tort considérable.

Les armateurs de Dunkerque lui confièrent une belle frégate de 24 canons sur laquelle notre héros croisa avec les capitaines Jacobsen, Lassie et Messemaker. — Ils firent des prises considérables, entre autre le Neptune de 32 canons, puis d'autres navires, parmi lesquels le Faucon doré, le Corbeau vert, le Pélican, la Demoiselle christine et le Prophète Daniel.

— De retour à Dunkerque après cette brillante campagne, Jean-Bart fut pré-

**Notre héros, le premier en tête, s'é-
lance à l'abordage, une hache à la main.**

sent à la naissance de son premier enfant.
Le fils qui venait de lui naître fut bap-
tisé François-Cornil Bart, (il devait par la
suite s'illustrer par son courage, ses con-
naissances nautiques et devenir Vice-
Amiral).

En rentrant à Dunkerque, Jean-Bart fit
immédiatement caréner sa frégate, la Pal-
me, qui venait de faire une aussi fructueu-
se campagne pour lui et ses armateurs.
Après avoir assisté aux fêtes que donna
sa famille en l'honneur de la venue au
monde de son premier né, il appareilla
avec le capitaine Lassie, et commencè-
rent leur croisière par la prise d'un dogre
appelé le Cabilhau. — Un peu moins
d'un mois après, ils capturèrent trois
autres navires de pêche, auxquels ils
permirent de se racheter moyennant
8,100 livres, monnaie de Hollande.

— Jean-Bart passa ensuite sur la frégate le Dauphin, et reprit la mer avec les
capitaines Soutenaye et Keyser; ils attaquèrent une frégate Hollandaise nommée
le Sherdam. — Notre héros, le premier en

Ce fut dans ce combat que le fils du
héros reçut le baptême du feu.

tête, s'élança à l'abordage, une hache à la main.

C'est grâce à cette intrépidité que l'on dut la victoire; le capitaine Soutenaye qui avait l'avance sur Jean-Bart et Keyser, avait marché sans s'occuper s'il était soutenu par ses deux camarades. Le capitaine du navire ennemi jugeant qu'il viendrait facilement à bout de la Notre-Dame de Lombardie que commandait Soutenaye, s'avança sur elle, toutes voiles dehors, pour l'enlever; c'est alors que notre héros s'élança à l'abordage, et, aidé de Keyser, captura le Sherdam.

La prise de cette frégate mit le comble à la gloire de l'héroïque Dunkerquois. — Croisant ensuite dans la méditerranée avec deux petites frégates, la Vipère et l'Arlequin, de 14 et 12 canons, il enleva plusieurs navires aux pirates de Salé (côte d'Afrique): ceux-ci n'osèrent plus alors se mettre en mer et cessèrent leurs déprédations. — Rentré à Dunkerque, Jean-Bart eut la douleur de perdre en peu de temps sa mère,

Il s'échappe quelques jours après avec le comte de Forbin, prisonnier comme lui.

une petite fille et sa femme. — Le héros qui nous occupe fut bien vivement affligé des pertes qu'il venait de faire; mais l'Espagne ayant déclaré la guerre au roi de France, notre brave marin reçut le commandement de la frégate la Serpente, et s'empara peu après d'un vaisseau espagnol qui conduisait des soldats pour renforcer la garnison d'une place de ce pays. — Ensuite étant monté sur le Modéré, il fit la campagne en qualité de chef des divisions d'abordage.

Il resta deux ans sur le Modéré, et fit sur ce vaisseau la campagne du midi de l'Espagne, dans laquelle il fut grièvement blessé.

L'année suivante, il commença sa croisière par la prise à l'abordage d'un vaisseau hollandais, appelé le Cheval marin. — Ce fut dans ce combat que le fils du héros reçut le baptême du feu. — On raconte que voyant l'émotion qu'éprouvait le jeune Cornil Bart, le père ordonna qu'il fut attaché au pied du grand mât, où le pauvre enfant faillit vingt fois être emporté par les boulets ennemis. — Le fils ne tarda pas à s'accoutumer à cette effrayante musique et devint aussi intrépide que son père. — Vers cette époque, Jean-Bart adressa au ministre de la marine un projet qu'il avait mûrement conçu; c'était de lancer un très grand nombre de frégates légères sur les navires de commerce ennemis, ce qui devait les ruiner.

Le ministre ne parut pas approuver le plan de Jean-Bart; celui-ci reçut l'ordre d'accompagner un convoi considérable. — Les Anglais guettaient le susdit et l'attaquèrent avec deux vaisseaux; mais malgré toute sa bravoure, Jean-Bart fut vaincu et fait prisonnier, ensuite enfermé à Plymouth; mais il s'échappa quelques jours après avec le comte de Forbin, prisonnier comme lui.

Le héros de cette histoire en attaquant les deux vaisseaux Anglais, voulait, avant tout, sauver le convoi qu'il était chargé d'escorter et y réussit. — Les Anglais payèrent cher cette victoire;

Jean-Bart prit une mèche allumée et
l'approcha d'un baril de poudre.

tous les officiers des deux vaisseaux avaient été tués, et c'est un simple contre-maître qui commandait les navires ennemis.

Jean-Bart et Forbin demandèrent à être prisonniers sur parole, ce qui leur fut refusé; aussi firent-ils tous leurs efforts pour se sauver et ils y réussirent.

Le brave qui nous occupe reprit bientôt la mer et captura deux navires : le saint Antoine et la Rose marine, qu'il amena à Dunkerque, — Un jour que notre héros était venu à Berghen en Norwège, un capitaine Anglais l'invita à venir à son bord; Jean-Bart accepta : mais au moment de partir, l'Anglais lui déclara qu'il était prisonnier : pas encore, répondit l'intrépide marin, et nous allons sauter ensemble! — Il prit une mèche allumée et l'approcha d'un baril de poudre. — Les Anglais qui connaissaient l'intrépidité de celui qu'ils voulaient prendre, furent pris à leur tour; car, Jean-Bart de sa voix tonnante appela à lui ses marins qui accoururent

Jean-Bart s'ennuyant d'attendre, tira
sa pipe de sa poche et l'alluma.

et s'emparèrent du navire anglais. — Le roi voulut le voir et le récompenser pour les services qu'il avait rendus à la France. — Le comte de Forbin et Jean-Bart se rendirent à Versailles.

On raconte à ce sujet des anecdotes fort plaisantes. — Jean-Bart s'étant levé de grand matin, suivant sa coutume, se rendit à la cour. — Sa Majesté n'était pas encore levée : le brave marin s'ennuyant d'attendre, tira sa pipe de sa poche et l'alluma. Un officier des gardes lui ayant démontré l'inconvenance de son action, Jean-Bart lui répondit : « c'est au service du roi que j'ai contracté cette habitude; Sa Majesté est trop juste pour trouver mauvais que je me satisfasse. » — C'était un vrai scandale à la cour, aussi le roi en fut-il instruit incontinent par un de ses chambellans. — Je parie que c'est M. Jean-Bart, dit-il : « Eh bien, qu'on le laisse fumer ! »

Un autre jour les grands seigneurs lui demandèrent comment il avait fait pour passer au milieu de la flotte ennemie qui

Jean-Bart indigné tira son sabre et lui
dit : « Ramasse et paye, Maraud ! »

bloquait Dunkerque. — Voici, leur dit-il, comment j'ai agi : puis les plaçant sur deux lignes, il s'élança entre les rangs à coups de poings et de coudes, les renversa les uns sur les autres au grand plaisir du roi, qui lui accorda une gratification de 300 pistoles, (3,000 fr.), qu'il alla toucher chez M. Gruin.

Celui-ci prit le bon et le jeta derrière lui en disant : revenez demain. — Jean-Bart indigné tira son sabre et lui dit : « ramasse et paye, Maraud ! »

Les convives du payeur Royal en apprenant que c'était à Jean-Bart que M. Gruin avait affaire, furent grandement effrayés surtout lorsqu'ils le virent tirer son sabre ; et comme le payeur faisait mine de lui donner des sacs d'argent : « c'est de l'or qu'il me faut, dit-il, je ne suis pas un mulet pour porter tes sacs ! »

En 1698, l'amiral Tourville livra aux Hollandais la bataille navale de Lagos. — Jean-Bart s'étant élancé à la poursuite de six navires ennemis. en prit un et brûla les cinq autres ; et le soir, après ce

Il vint, tout blessé qu'il était, remettre le pavillon aux pieds de Jean-Bart
qui lui donna la somme promise.

bel exploit il rallia la flotte française victorieuse.

La France était alors sous le coup d'une affreuse disette. — Jean-Bart fut chargé d'aller au devant d'un convoi de grain de plus de cent navires. — Un combat très vif s'engagea entre les hollandais et le héros français qui proposa 16 pistoles à celui qui lui amènerait le pavillon amiral ennemi. — Ce fut un jeune marin provençal qui eut ce courage. — Il vint, tout blessé qu'il était, remettre ce pavillon aux pieds de Jean-Bart, qui lui fit donner la somme promise. — Ce combat est l'un des plus glorieux du Dunkerquois : il eut pour résultat de faire cesser la disette qui sévissait en France.

— Après ce bel exploit, notre brave marin envoya son fils âgé de 17 ans porter cette bonne nouvelle au roi. — Le jeune homme ne perdit pas un instant: arrivé à Versailles, le ministre, M. de Pontchartrain, auquel il remit sa missive, l'emmena à Saint-Germain sans vouloir

La princesse de Conti détacha une fleur d'un bouquet qu'elle portait, et lui dit de donner cette fleur à son père pour la joindre à sa couronne de lauriers.

lui laisser le temps de changer de vête-
ments.— Le roi fut ravi de cette impor-
tante nouvelle, et la princesse de Conti
détacha une fleur d'un bouquet qu'elle
portait, et lui dit de donner cette fleur
à son père pour la joindre à sa couronne
de lauriers. — Sa Majesté complimenta
le jeune Cornil de s'être trouvé à côté
de son héroïque père à une aussi chaude
affaire.

Le cadre restreint de notre petite
histoire, ne nous permet pas de nous
étendre, comme nous le voudrions, sur
une infinité de combats et sur le nombre considérable de captures qu'il fit;
nous ne mentionnons que les traits
principaux du héros français.

Après s'être signalé de nouveau, il
reçut l'ordre de se rendre à Versailles.
—Louis XIV lui dit : je vous ai nommé
chef d'escadre.— « Sire, vous avez bien
fait, répondit simplement le héros. »

Lorsque le service du roi ne l'appe-
lait pas en mer, notre brave marin ai-
mait à aller passer les semaines de la

Louis XIV lui dit : je vous ai nommé chef d'escadre. — Sire, vous avez bien fait, répondit simplement le héros.

belle saison chez son parent, le curé de Drinckam, à quelques lieues de Dunkerque.

Dans les entretiens qu'il avait avec le bon curé, celui-ci, nommé Nicolas Bart, écoutait avec un sentiment d'admiration mêlé d'effroi, les récits des combats à l'abordage où il s'était tant illustré.

Il nous reste peu de choses à dire sur la vie du marin le plus populaire de France, sinon qu'il surveillait l'armement d'une escadre qui devait entrer en lutte contre les forces de l'Angleterre et de la Hollande, lorsqu'une maladie l'enleva en peu de jours, à l'âge de 52 ans, à sa famille et à la France qui le pleura longtemps.

La ville de Dunkerque lui a élevé une statue en 1847; plusieurs navires ont porté son nom.

A Paris, il y a la rue Jean-Bart; plusieurs commerçants de la Capitale ont pris pour enseigne : à JEAN-BART.

Une maladie l'enleva en quelques jours à sa famille et à la France qui le pleura longtemps.

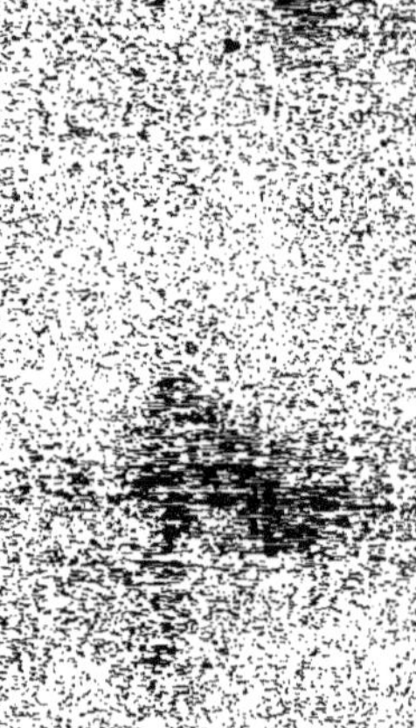